BIBLIOTHÈQUE DU JOURNAL DES ASSURANCES

PUBLIÉ PAR M. LOUIS POUGET (21ᵉ ANNÉE)

LA FEMME

ET

L'ASSURANCE SUR LA VIE

COSI FAN TUTTE

PAR CH. AVENANT

PARIS

A L'ADMINISTRATION DU JOURNAL

11, RUE DES MARTYRS

BIBLIOTHÈQUE DU JOURNAL DES ASSURANCES

PUBLIÉ PAR M. LOUIS POUGET (11ᵉ ANNÉE)

LA FEMME

ET

L'ASSURANCE SUR LA VIE

COSI FAN TUTTE

PAR CH. AVENANT

PARIS

A L'ADMINISTRATION DU JOURNAL

47, RUE DES MARTYRS

LA FEMME

ET

L'ASSURANCE SUR LA VIE

Le naufragé, qui, après avoir invoqué ciel et
terre, rempli l'air de ses cris de détresse, re-
pousserait la main secourable que le hasard lui
offrirait, ne ferait pas preuve d'une plus grande
inconséquence, ni d'une plus grande naïveté,
que la femme, la mère, qui repousse *à priori*
l'assurance sur la vie, elle, que l'avenir de ses enfants inquiète profondément, qui se creuse la
tête pour garantir cet avenir, terrible parce qu'il

est inconnu, et qui paraît prête, *en paroles* au moins, à saisir au passage la plus petite occasion qui leur fasse la vie douce et heureuse.

Qu'il y a loin de l'apparence à la réalité ! — Qui veut la fin, doit vouloir les moyens, dit-on souvent. — On dirait que la mère prend à plaisir le contrepied de la logique. Elle voudrait bien la fin ; mais elle repousse, hélas ! trop souvent les moyens.

Ce n'est pas d'aujourd'hui que nous nous apercevons que la femme est l'ennemie de l'assurance, qui seule pourrait faire de son rêve, une réalité.

Oui, jamais ennemie plus inconsciente, — elle veut le bonheur de ses enfants ; l'assurance le lui garantit, et chose incroyable ! elle repousse l'assurance !

Pourquoi ? Les uns disent par ignorance, les autres par sensibilité exagérée ; les autres encore par... égoïsme, oui, par égoïsme. J'y crois peu. — Il peut bien y avoir quelques mères qui ne détestent pas les chiffons, ces jolis chiffons, qui font la femme si adorable ; mais, peut-on admettre qu'il ne leur reste, après cette ardeur, qu'un amour platonique, sans foi, pour leurs chers petits? Non. — Il est difficile de se rendre un compte exact des mobiles qui font agir cette ennemie de l'assurance, qui ressemble fort à un général qui tirerait sur ses propres troupes.

Mais l'assurance, bonne princesse au fond, fait du bien quand même, à qui la repousse, et sauve souvent, femmes et enfants, malgré la femme, parce que le mari, plus intelligent, plus soucieux de ses devoirs, plus dévoué, ne s'est pas arrêté à ses observations fâcheuses, et a su faire acte d'homme honnête, et de bon père.

- Cependant la femme n'est malheureusement que trop souvent ce que nous avons dit, et ce qui va suivre, sera une preuve prise dans le vif.

Que de femmes, si elles lisent ce recueil, re-connaîtront leurs amies, leurs connaissances dans ce portrait. Et les amies et les connaissances se reconnaissant entre elles, feront toujours exception pour elles-mêmes.

Moi est une petite perfection, c'est logique. Mais... *elle*... ne m'en parlez pas. — Nous qui sommes impartial, nous disons :

Quel bonheur si une sur dix, fait exception à la règle, que l'on trouvera trop générale.

La conversation que nous allons sténographier, a eu lieu dans une grande ville, fière entre toutes, orgueilleuse de son passé, spirituelle, ardente, mais où les assurances sur la vie sont difficiles à prendre, ce qui prouve peu en faveur de ses idées d'économie.

Mangeons, buvons, car demain nous mourrons, est une maxime à la mode dans ce pays, et le vin généreux qu'on y boit, maintient suffisamment la bonne humeur au cœur, pour qu'on y fasse un peu fi des gens sérieux, des prédicateurs ennuyeux, et de ces bons agents d'assurances, nouveaux trappistes, qui, au milieu de

la gaieté générale, s'en vont criant ce cri lugu-
bre : Frères, il faut mourir... donc assurez-vous.

Pour dernier renseignement, cette bonne ville
est sur la route de Paris à Lyon, à peu près
à égale distance.

Le propriétaire d'un des plus importants hô-
tels a été sollicité pour l'assurance sur la vie,
mais l'affaire est enrayée par le mauvais vouloir
de la dame, que le mari ne veut d'ailleurs pas
contrarier à l'excès.

Il trouve bien l'affaire passable, utile, conve-
nable, mais enfin, dit-il, c'est pour *Elle*, que je la
ferais, et elle ne *veut pas que je la fasse*.

Quant à elle, elle s'y oppose, parce que.....

Ma foi, vous tâcherez de savoir pourquoi,
après avoir lu la conversation, dont nous garan-
tissons l'authenticité :

. . . .

— Ainsi donc, madame, fait l'agent en entrant
dans le comptoir, il paraît que votre mari s'as-
sure.

— Lui !

— C'est décidé.

— Décidé? pas encore, j'espère !

— Il paraît que si, — c'est de lui que je le tiens.

— C'est différent, répond la dame d'un ton piqué. — Au surplus, il est le maître. — Ce qu'il fait est bien fait. — Je n'ai pas l'habitude de le contrarier. — Oh! il est le maître, bien le maître.

— Mais, madame, vous parlez de telle sorte, que je suis tout disposé à ne pas en croire un mot. — Toutefois, avouez que votre mari en s'assurant, fait preuve d'esprit, de dévouement et d'abnégation. —Vous devriez être la première, non-seulement à le remercier, mais encore à l'encourager.

— Qu'ai-je besoin de l'encourager? Il ne m'a pas demandé conseil.

— Il est très-fâcheux que vous soyez ainsi, car enfin, cette assurance sera faite, et dans l'intérêt

de votre enfant et dans le vôtre..... Si vous veniez à perdre votre mari...

— Non, non. — Je ne donne pas là dedans.

— Comment ! madame, *vous ne donnez pas là
dedans.* Voudriez-vous dire que l'assurance n'est
qu'une manœuvre frauduleuse....

— Tout ce que vous voudrez ; mais je ne
donne pas là dedans.

— Mais, savez-vous seulement ce que c'est
que l'assurance sur la vie ! Vous en êtes-vous
rendu compte ? Je parie que non.....

— Oh ! je sais bien ce que c'est. Et sans aller
chercher plus loin, M. X... a eu assez de mal à
rentrer dans son argent. — Il avait assuré sa
fille... Enfin.....

— Vraiment ! Si je vous disais, madame : Je
ne reviendrai plus dans votre hôtel, — vous me
demanderiez pourquoi. — La table n'est-elle
pas bonne ? diriez-vous. Est-ce le coucher ?
Vous ai-je déplu ?... Que penseriez-vous de cette
réponse ?... Je vous quitte parce que..... le

café voisin vend de la consommation détestable.

— Je penserais que.....

— ..... J'ai perdu la tête, madame; que je suis fou, tout au moins ridicule. Eh bien! excusez-moi; mais, vous venez de me faire une réponse en tout point semblable. Je vous parle assurance, vous me répondez *tontine*. — Je vous dis *blanc*, vous ripostez *noir*. — Je vous dis : Dieu! quel bon boulanger! vous répliquez : c'est vrai, c'est un bien mauvais cordonnier. — En continuant ainsi, nous nous entendrons difficilement. — La tontine, madame, peut ne pas être une affaire merveilleuse, j'en conviens; toutefois vous allez un peu trop loin, quand vous affirmez que l'on rentre difficilement dans son argent. — On y rentre, sans grands avantages, mais on y rentre sans difficultés. — Au surplus, je ne vous propose pas une affaire tontinière, mais bien une assurance, entendez bien le mot, il a sa valeur, une ASSURANCE.

Je dis une *assurance*, quelque chose de

net, de précis, de certain, d'avantageux.

— Oh! je sais bien que j'aurai toujours tort avec vous. — Vous en savez plus long que moi. — Non, non, dites-vous, je ne donne pas là dedans.

— Il ne s'agit pas d'en savoir plus ou moins long. — Je parle français. — Je vous propose une opération dont vous pouvez vous rendre compte facilement. — Il ne s'agit pas d'être un savant hors ligne pour me comprendre; un peu de bon sens suffit. — Vous en avez. — Vous dirigez un grand établissement, — vous êtes habituée aux affaires, — vous pouvez sans peine calculer les avantages. Je n'ai rien à vous cacher, et suis prêt à toutes les explications.

— Vous pouvez m'expliquer tout ce que vous voudrez, vous ne me convaincrez pas.

— Si vous avez un parti pris.....

— Je n'ai pas de parti pris, mais, je vous le répète, je ne donne pas là dedans.

— Mais pourtant, madame, vous êtes assurée contre l'incendie?

— Oui, et c'est bien un tort ! Les Compagnies ne paient jamais ce qu'elles doivent.

— J'admets, par politesse, que vous ayez raison ; et ne veux d'ailleurs discuter pareil argument, la réfutation serait trop facile. Mais vous faites preuve alors de bien peu de logique, et vous auriez bien mieux fait de ne pas vous assurer.

— Oui, mais l'incendie c'est autre chose. Mon mobilier est toute ma fortune, et si je crains des difficultés dans un règlement, j'espère qu'il me reviendra toujours quelque chose.

— Ainsi donc, vous avez, en définitive, assuré votre mobilier, parce que vous lui reconnaissez une valeur. Vous assignez à chaque partie de ce mobilier telle somme que le feu peut anéantir et que la Compagnie très-certainement remboursera.

— Parfaitement.

— D'où il résulte que vous faites beaucoup d'honneur à du bois taillé en chaise, tourné en fauteuil, façonné en meubles, en ajoutant une grande sollicitude à sa conservation, et que, du même coup, vous trouvez que votre mari vaut moins que cela. C'est peu flatteur.

— Mais je n'ai jamais dit cela.

— C'est tout comme, convenez-en. On propose à votre mari une assurance que vous repoussez. Si on lui fait une pareille proposition, c'est que probablement sa mort produira une perte, et qui plus est, une perte difficile à estimer. Vous n'avez peut-être pas réfléchi à ces conséquences. Il nous serait pourtant bien facile d'estimer, en chiffres, le capital qui périra avec votre mari. Voyons, que fait-il dans l'établissement? Si je ne me trompe, il fait la cuisine lui-même : donc il se passe de chef. Il gagne bien, de ce fait, 1500 francs.

— Quinze cents francs ! Un chef ne ferait pas pour 2,500 fr. ce qu'il fait.

— Vous avez raison; sans compter qu'il gaspille moins qu'un employé. Vous admettez donc

que si vous veniez à perdre votre mari, il fau-
drait prendre un chef, ce qui vous dépenserait
au moins 2,500 francs. Votre mari vaut donc en
revenu 2,500 francs. Ce qui donne en capital
50,000 fr. Je ne veux pas pousser le calcul plus
loin. Sans nul doute, il donne ses soins à toute
la maison, à l'administration générale. Il achète,
il surveille, il remplit, en un mot, pour son pro-
pre compte, les fonctions d'intendant que nous
pourrions encore ramener à une somme déter-
minée; quoi qu'il en soit, et pour nous en tenir
aux premières observations, en usant de votre
influence, pour entraver une assurance sur la
vie, vous jouez tous les jours, à toutes les
minutes, 50,000 fr. au préjudice de vos enfants.

— Mais il ne mourra pas encore, Dieu merci!

— Eh! madame, je ne le désire pas plus que
vous. Et la Compagnie qui l'assurera partagera
vos sentiments. Reconnaissez-vous enfin, qu'en
assurant votre mobilier, et en repoussant l'assu-

rance sur la vie, vous sortez de la logique; qu'en ne voulant pas *donner là dedans*, comme vous dites, vous agissez contre vos intérêts, et qu'envers vos enfants vous ne remplissez pas vos devoirs de mère, qui consistent à vous sacrifier pour eux, tout au moins, à leur préparer, à leur garantir un avenir facile? Reconnaissez-vous que c'est sans motif sérieux, par pure indifférence d'étude, par un je ne sais quoi, que je ne m'explique pas et que vous ne pourriez pas plus expliquer peut-être, que vous êtes hostile à l'assurance sur la vie?

Réfléchissez.

— C'est tout réfléchi. Mon mari est le maître. Il fera ce qu'il voudra. Pour moi, je.....

— *Vous ne donnez pas là dedans.* C'est entendu.....

. . . .

Et dire que la majorité des femmes raisonne ainsi! On dira qu'il y a des exceptions. Oui, mais si rares! En tous cas, elles confirment la règle.

En attendant nous pouvons bien nous écrier :
C'est ainsi qu'elles sont toutes !

Cosi fan tutte.

. . . .

Pour si étrange que la chose puisse paraître, cette ennemie de l'assurance, qui semblait être irréconciliable, s'est rendue à discrétion. Non-seulement elle a laissé son mari s'assurer, mais elle a voulu en faire autant, ce qui prouve qu'il ne faut jamais désespérer de rien, et que les femmes nous ménagent bien souvent des surprises qui déroutent nos plus fines observations.

Un bon moyen d'ailleurs de se rendre la femme moins défavorable, c'est de l'engager à partager le sacrifice, si sacrifice il y a. Il ne lui déplaît pas de faire acte de dévouement, et telle mère qui boudera à l'idée de l'assurance de son mari, signera gaiement un contrat auquel elle sera associée.

Imprimerie L. Toinon et Cie, à Saint-Germain.

Le Journal des Assurances, publié par M. Louis Pouget,
avocat, traite des assurances contre l'incendie, des assurances
agricoles, maritimes, contre la grêle, l'épizootie, la gelée, l'inon-
dation, des assurances sur la vie, tontines, contre les accidents,
de l'exonération militaire.

Il contient des articles de droit maritime, la doctrine sur les
assurances, au point de vue pratique, la jurisprudence, la statistique, l'assurance par nous-mêmes, ou du moyen de conjurer
certains risques non assurables, le rapport des faits commer-
ciaux et du progrès des sciences avec les assurances ; il contient
aussi la revue des journaux.

Recueil honoré de la souscription de S. Exc. le Ministre des
travaux publics, de l'agriculture et du commerce, de l'intérieur,
du Tribunal et de la Chambre de commerce de la Seine, des
diverses Compagnies d'assurances, des Sociétés de chemins de
fer, du Crédit foncier, de la Compagnie maritime, de M. le
Directeur général de la Caisse des consignations, de MM. les
Agents des diverses Compagnies, etc.

Le Journal paraît les 1er et 15 du mois,

*ou au moins tous les mois, par trois à quatre grandes feuilles d'im-
pression. Par conséquent MM. les agents voudront bien attendre
une quinzaine avant de réclamer.*

OUVRAGES DU MÊME AUTEUR :

Journal des Assurances, depuis 1849. — **Dictionnaire des Assurances**, Principes, Doctrine, Jurisprudence, Législation étrangère, Statistique ;
2 vol. grand-8°, ensemble 2,000 pages. — Une nouvelle édition de cet ouvrage
se publie en 3 forts volumes in-8°. Prix, 30 fr. ; 10 fr. par volume. Ceux
qui souscrivent aux quelques exemplaires restants du *Dictionnaire des Assurances* (20 fr.) devenus fort rares (1re édition), ne paieront que 10 fr. au lieu
de 30 fr., pour la nouvelle. — **Table décennale du Journal des
Assurances, 1849 à 1861 inclus** ; cette Table remplace utilement
par son étendue la collection du Journal, prix : 10 fr., port compris. —
Manuel de l'Agent d'assurances, ou solution par la doctrine et la
jurisprudence des questions soulevées par le paiement des primes ; in-18
(3° édition). — Cet ouvrage est d'une utilité indispensable pour MM. les
Agents. — **Traité des Assurances sur la Vie** ; grand in-8°. — **Guide
du Créancier hypothécaire** au point de vue de l'incendie ; in-18. —
Guide-Manuel de l'Assuré, ou la police expliquée ; in-18. — **Droits et
Obligations** du propriétaire et du locataire au point de vue de l'incendie.
(Épuisé.) — **Principes de Droit maritime** ; 2 forts vol. in-8° de 700 à
800 pages. — **Droits et Obligations des divers Commissionnaires**,
Achats et Ventes, Assurances, Chemins de fer, Télégraphie, etc. 4 forts vol.
in-8°. — **Commentaire des nouveaux articles 91 à 93 du Code de commerce. — Du Transport** par Terre et par Eau ; 2 forts vol. in-8°. — **De
l'Assuré, ou de ses droits et obligations** dans ses rapports avec
l'assureur ; in-18. — **Du Père de famille ou de l'effet de l'Assurance dans les Successions** ; 2 brochures in-8°. — **Des Successions
ou du bénéfice du contrat** dans les assurances sur la vie. — **Des
Fonds de commerce, achat, conservation, vente.**

JOURNAL

DES

ASSURANCES

TERRESTRES, MARITIMES, FLUVIALES

CONTRE L'INCENDIE, SUR LA VIE, ETC.

DOCTRINE, LÉGISLATION, FAITS, JURISPRUDENCE

DU RAPPORT DU PROGRÈS DES SCIENCES AVEC LES ASSURANCES

RECUEIL SUIVI D'UN

BULLETIN DE JURISPRUDENCE COMMERCIALE

(Cour de Cassation)

Par M. POUGET (Louis), Avocat,

*Membre correspondant de l'Académie de législation de Toulouse et de l'Institut
des Actuaries de Londres,*
Auteur de divers ouvrages de Droit commercial, et notamment du Dictionnaire des assurances.

AVEC LE CONCOURS DE

M. **Breuller**, avocat à la Cour impériale de Paris.
M. **A. Baveller**, avocat à la Cour de cassation. M. **Lenoel**, avocat à la Cour
impériale de Paris, ancien avocat à la Cour de cassation.
M. **Legriel**, ancien avocat à la Cour de cassation. M. **Potel**, avocat
à la Cour de Cassation.
M. **Mathieu Bodet** ✳, ancien président de l'ordre des avocats à la Cour
de Cassation.
M. **L. Cabantous**, doyen des professeurs de la Faculté de droit d'Aix.
M. **A. Tournal**, inspecteur d'assurances sur la vie.
M. **Helliger-Fortemps** • Correspondance étrangère. •

VINGT-UNIÈME ANNÉE

PARIS

ADMINISTRATION DU JOURNAL, 41 ET 47, RUE DES MARTYRS.

Imp. L. Toinon et Cie, à Saint-Germain.

www.ingramcontent.com/pod-product-compliance
Lightning Source LLC
Chambersburg PA
CBHW051455060726
47596CB00006B/2785